MAGISCHE LABYRINTHE

Zwischen Tag und Traum

Illustrationen von Thomas Thiemeyer
Text und Idee von Bertrun Jeitner-Hartmann

arsEdition

Gestaltung: Harald Meyer
Redaktion: Heike John

Printed in Belgium
ISBN 3-7607-1873-6

Einführung

Folgen Sie der Einladung zu einer Reise in die geheimnisvolle Welt der Labyrinthe und entdecken Sie die Kraft und die magische Wirkung, die von ihnen ausgeht!

Wer sich auf die Labyrinthe in diesem Buch einlässt, begibt sich in eigenartige Zwischenwelten. Man balanciert zwischen Gegensätzen wie Feuer und Wasser, Himmel und Erde, Tag und Nacht, Wüste und üppiger Vegetation, zwischen Dunstschleiern vor rauen Felsen und auf eisernen Stegen über glühender Lava, zwischen Tod und Wiedergeburt, zwischen Tag und Traum.

Man braucht keine besonderen Fähigkeiten, um diese magischen Labyrinthe zu durchwandern. Jeder, der sich Zeit nimmt, kann durch die verschlungenen Pfade und Windungen zum Ziel finden. Dabei sollte man sich bewusst sein, dass Labyrinthen etwas Archaisches innewohnt. Sie wurden schon vor langer Zeit mit dem nicht immer gradlinigen Lebensweg des Menschen gleichgesetzt und werden mit innerpsychischen Vorgängen und »Reifungsprozessen« verglichen. Darüber hinaus gelten sie auch als Symbol des Urweiblichen.

Im Spannungsfeld von ganz Gegensätzlichem werden Energien und Kräfte frei, finden Auseinandersetzungen mit den eigenen Grenzen statt, kann man sich aber auch auslaufen, zu sich kommen und sich erholen.

Das Einweglabyrinth

Das klassische Einweglabyrinth, wie man es auf Seite 22 beim »Schatz des Drachen« findet, ist ein Labyrinth, in dem man sich nicht verirren kann. Man folgt dem vorgegebenen Weg und hat gar keine andere Wahl, als ihn zu durchlaufen, bis er automatisch zur Mitte führt und dann wieder hinaus. Solche Labyrinthe gelten als »Wege zu sich selbst«: Ihnen werden therapeutische Kräfte zugeschrieben, die sich beim Hinein- wie Hinausgehen entfalten.

Das Mehrweglabyrinth oder der Irrgarten

Im Gegensatz zu einem einzigen möglichen Pfad im Einweglabyrinth hat man bei Mehrweglabyrinthen die Qual der Wahl und muss Konzentration, Ausdauer und Orientierungssinn unter Beweis stellen. Natürlich wohnt ihnen aber auch eine spielerische Komponente inne: der Reiz für einen Spieler, der »Thrill« sich zu entscheiden, die Richtigkeit seiner Entscheidungen auszutesten und seinen »Instinkt« bestätigt zu sehen – oder eben auch nicht.

Die Labyrinthe in diesem Buch sind keine tatsächlich existierenden Orte, sondern künstlerische Interpretationen magischer Wege. Wem es gelingt, mit dem Auge oder Finger durch sie hindurchzufinden und seine mehrdimensionale Vorstellungsgabe zu aktivieren, der wird im Gegenzug Spannung und Entspannung erfahren. Er wird die Wege durch die Labyrinthe wie eine Meditation empfinden und kann sich der ihnen eigenen Wirkung hingeben.

In diesem Sinne wünschen wir allen, die sich auf das Abenteuer Labyrinth einlassen, spannende und entspannende Unterhaltung.

Die Labyrinthe in diesem Buch

- **S. 5:** Auf **Suleimans schwimmender Palastinsel** gibt es mehrere Möglichkeiten, von der Boots-Anlegestelle bis zur Ablegestelle zu gelangen (von Fähnchen zu Fähnchen), um mit dem Beiboot die vor Anker liegende Dschunke zu erreichen.
- **S. 6:** Hier wacht am Eingang der Schlucht das »**Auge im Felsen**« mit seinen komplizierten Windungen, die stets neue Entscheidungen abverlangen.
- **S. 7:** Im **Mondlabyrinth** öffnet sich durch die Rinnen ein Weg zu der Leiter, die den Mondanbeter schließlich auf das Felsentor führt.

• **S. 8:** Wer keine Erfrierungen riskieren will, sollte versuchen, das **eisige Hochplateau** in weniger als drei Minuten zu durchqueren.

• **S. 9:** Bevor die **Freiheitsstatue** in einer neuen Eiszeit versinkt, kann man ihr noch einmal – vom roten Pfeil startend – einen Besuch abstatten.

• **S. 10:** Relativ einfach ist es, in diesem Bild über das Leitergewirr zur **Mausoleumsinsel** vorzudringen.

• **S. 11:** Von der Burgzinne über brodelnde Lava führt nur ein Weg (aber viele Irrwege!) zur Stadtmauer und hinaus aus der **Befestigungsanlage**.

• **S. 12:** Wer vorab schon einmal die Tafel an der **Höllenschlucht** mit den Augen durchwandert, wird erahnen, dass ihn kein einfacher Weg erwartet.

• **S. 13:** Nur wer es schafft, das Metallplateau »**Mongolischer Gully**« auf dem einzig möglichen Weg zu überqueren, findet Zugang zur Weisheit dieser fernab ruhenden Welt.

• **S. 14 und 15:** Ein **Doppellabyrinth**! Mehrfach ineinander verwobene Wege und Abschrägungen sind zu bezwingen, führen über einen Ölteppich und über verkrustete Erde, ehe man das Ziel vor Augen hat.

• **S. 16:** Das dreieckige Loch in der **goldenen Pyramide** kann man über die Schrägwand erreichen.

• **S. 17:** Beim **Geist über dem Wasser** führt der Weg durch das Körperinnere und die Arme, bevor man am oberen Chakra austritt.

• **S. 18:** Die **Felsenspirale** ist selbst für Labyrinthekenner ein harter Brocken.

• **S. 19:** Das **Ei der blauäugigen Eule** erweist sich dagegen als Kinderspiel.

• **S. 20:** Der **Lichterirrgarten** lässt sich von einem Hochhaus aus lösen.

• **S. 21:** Die verschiedenen Ebenen von **Piranesis Brückenkonstruktionen**, die oft im Nichts enden, wollen dennoch durchwandert sein.

• **S. 22:** Der **Schatz des Drachen**, das einzige Einweglabyrinth, erinnert an Macht und Vergänglichkeit.

• **S. 23:** Der Strahl der Taschenlampe weist auf ein kompliziertes Labyrinth zwischen Stalaktiten und Stalagmiten der **Tropfsteinhöhle**.

• **S. 24 und 25:** Ein weiteres **Doppellabyrinth**: Aus dem Zentrum der Labyrinthblüte gilt es, in das Herz der Urwaldlichtung zu gelangen.

• **S. 26:** Wer den **Wal** durchwandern will, sollte sich an seiner unteren Flosse orientieren.

• **S. 27:** Der abendliche **Flug der Wildgänse** über den Flusslauf bietet eine eher leichte, aber stimmungsvolle Auflösung.

• **S. 28:** Diese Seite dagegen zeigt ein teuflisch schwieriges eckiges **Röhrengewirr**, bei dem man die Ebenen gut auseinander halten muss und dessen Lösung sich für manche nur mit der Auflösung von Seite 32 vor Augen bewältigen lässt.

• **S. 29:** Der gewundene Weg durch grüne Hecken zum **Observatorium** hingegen lässt den Labyrinthegänger zum Abschluss noch einmal die besondere Stimmung zwischen Tag und Traum voll auskosten.

Weiterführende Literatur

Wer mehr über Labyrinthe erfahren will, dem seien folgende Bücher empfohlen:

Candolini, G.: **Das geheimnisvolle Labyrinth**. Mythos und Geschichte eines Menschheitssymbols. 1999. 240 S., farb. Ill., Pattloch

Candolini, G.: **Labyrinthe**. Ein Praxisbuch zum Malen, Bauen, Tanzen, Spielen, Meditieren und Feiern. 1999. 144 S., Pattloch

Jeitner-Hartmann, B./Thiemeyer, T.: **Magische Labyrinthe. Reisen durch Raum und Zeit**. 2001. 32 S., farb. Ill., arsEdition

Kern, H.: **Labyrinthe. Erscheinungsformen und Deutungen** – 5000 Jahre Gegenwart eines Urbilds. 1982. 492 S., 666 Abb., Prestel (Jubiläumsausgabe 1999)

Lonegren, S.: **Labyrinthe. Antike Mythen & moderne Nutzungsmöglichkeiten**. 1993. 152 S., schw.-w. Ill., Zweitausendeins

Die Zeitschrift **Caerdroia**, herausgegeben von Jeff Saward, erscheint einmal im Jahr und beschäftigt sich ausschließlich mit Labyrinthen.

Sie ist zu beziehen durch:

The Caerdroia Project, 53 Thundersley Grove, Thundersley, Benfleet, Essex, SS7 3EB, England
Tel: 00 44 (0) 12 68 75 19 15
E-mail: caerdroia@dial.pipex.com

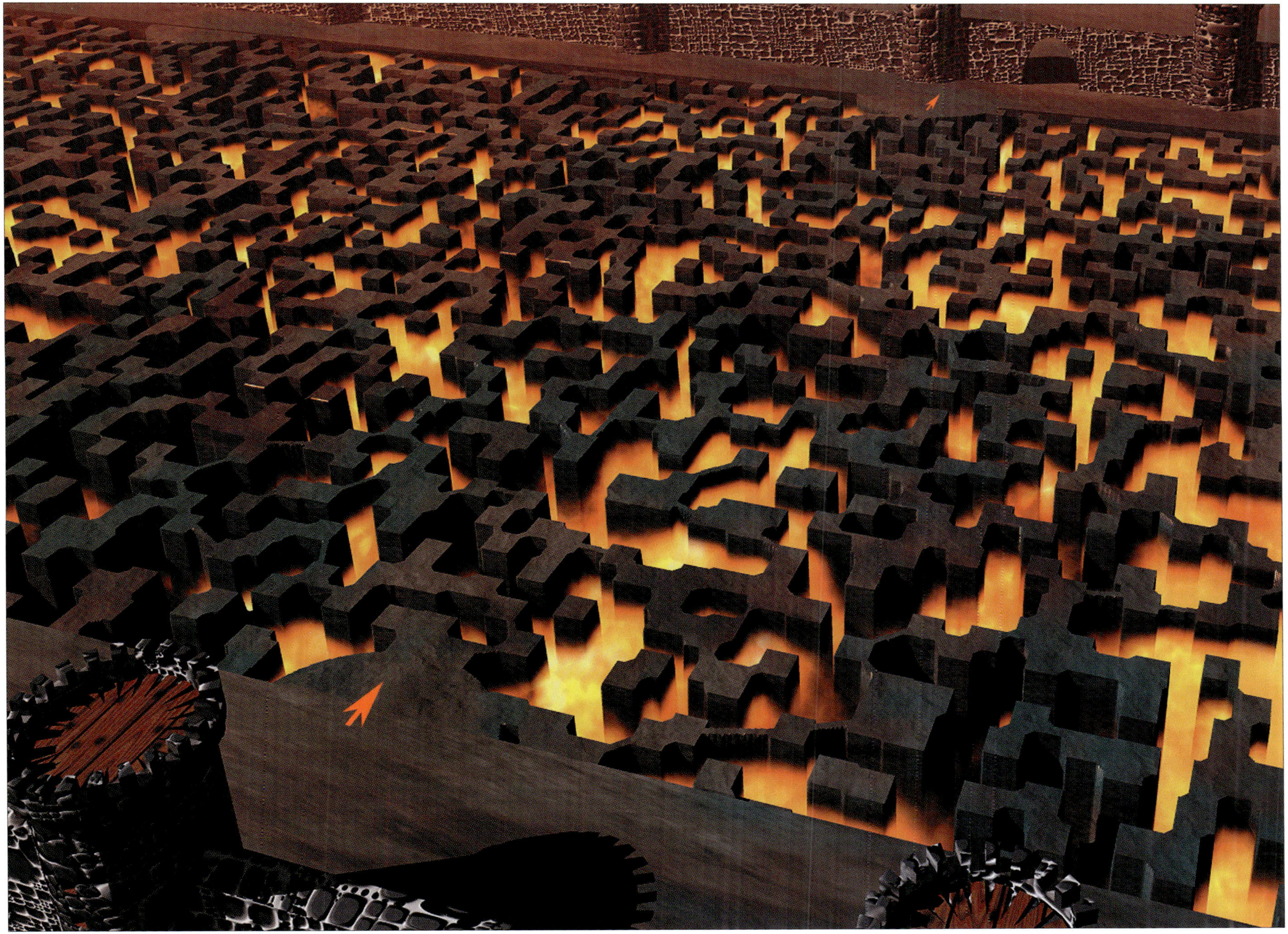

Lösungen

Auf dieser und auf den folgenden Seiten finden Sie die Lösungen zu allen Labyrinthen in diesem Buch. Bei manchen Labyrinthen gibt es mehrere mögliche Wege – lassen Sie sich also nicht irritieren, wenn Sie eine andere Lösung gefunden haben!

Seite 5

Seite 6

Seite 7

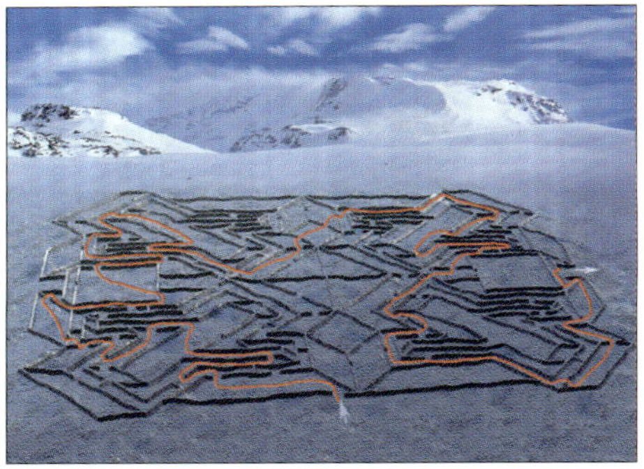

Seite 8

Seite 9

Seite 10

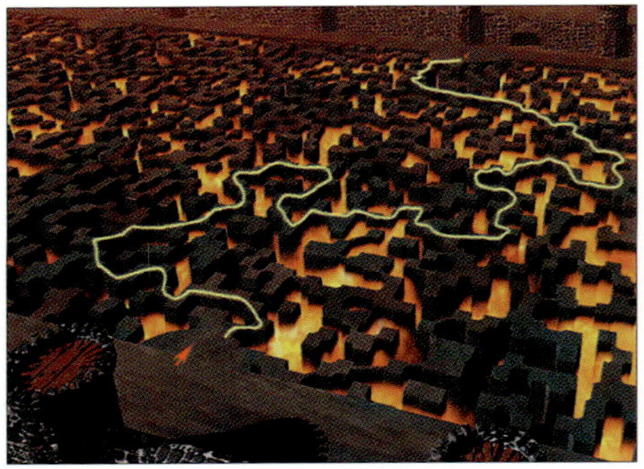

Seite 11

Seite 12

Seite 13

Seite 14

Seite 15

Seite 16

Seite 17

Seite 18

Seite 19

Seite 20

Seite 21

Seite 22

Seite 23

Seite 24

Seite 25

Seite 26

Seite 27

Seite 28

Seite 29

Thomas Thiemeyer, Jahrgang 1963, studierte Kunst und Geologie in Köln. Während er als grafischer Berater beim Ravensburger Buchverlag arbeitete, veröffentlichte er sein erstes Jugendbuch.
Seit 1989 ist Thomas Thiemeyer selbstständiger Grafiker und Illustrator. Neben seiner Tätigkeit im Jugendbuch arbeitet er auch als Coverillustrator, Spieleentwickler und Computergrafiker. Im Moment schreibt er an seinem ersten Roman. Thomas Thiemeyer lebt mit seiner Frau und zwei Söhnen in Stuttgart.
Weitere Informationen unter http://www.thiemeyer.de

Bertrun Jeitner-Hartmann, Jahrgang 1943, war lange Zeit Redakteurin, Herausgeberin und Übersetzerin im Bereich Kinder- und Jugendbuch und Elternpädagogik beim Ravensburger Buchverlag. Neben ihrer Tätigkeit für den Verlag studierte die ausgebildete Ergotherapeutin Kinderpsychotherapie.
Heute arbeitet sie sowohl als freie Redakteurin, Autorin und Übersetzerin für verschiedene Verlage als auch im Bereich der Kindertherapie und der interkulturellen Frauenalltagsforschung.
Bertrun Jeitner-Hartmann lebt mit Mann, zwei Kindern und einem Hund in Nürnberg.

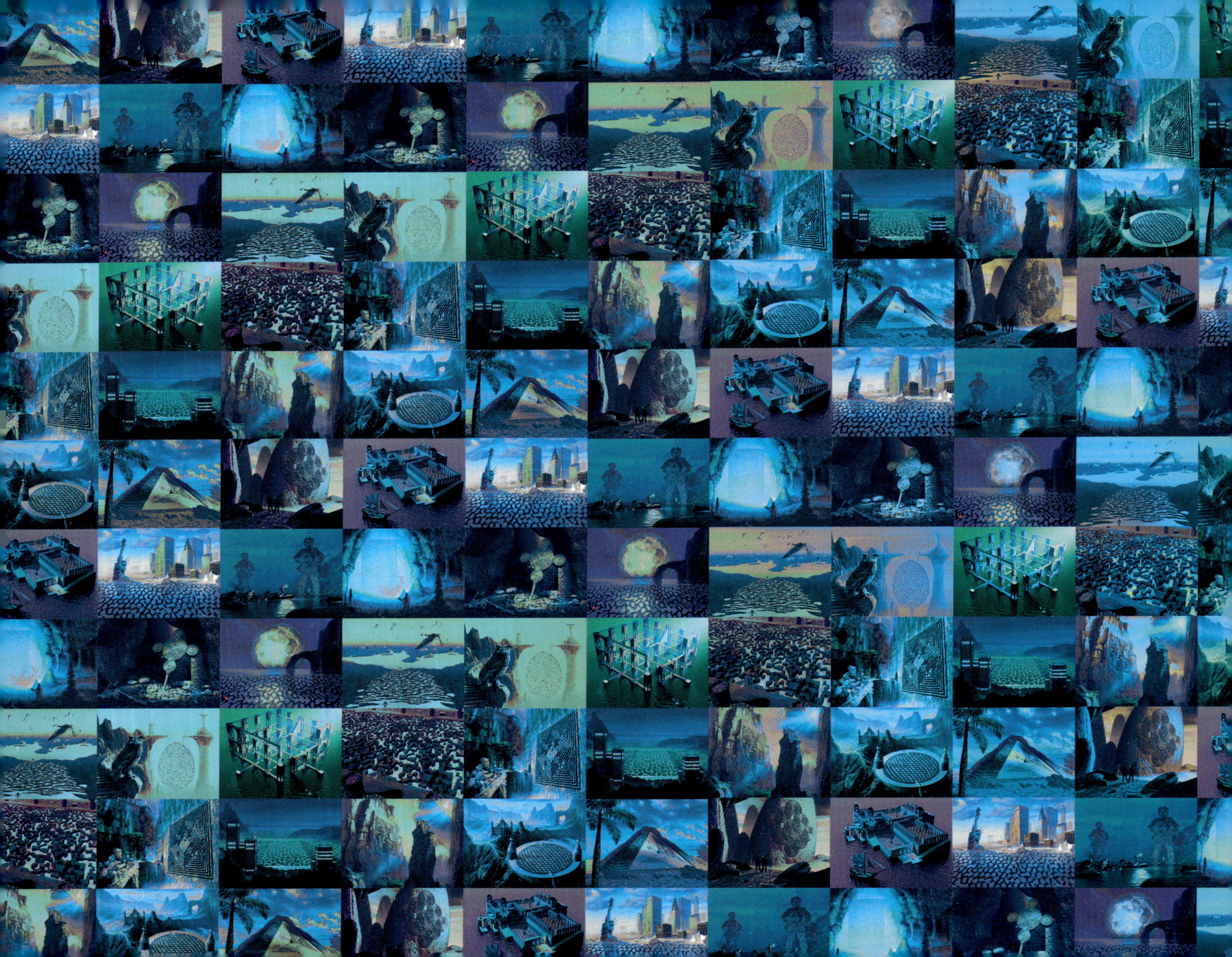